EMBAUMEMENT

PROCÉDÉ AUDIGIER

EMBAUMEMENT

PROCÉDÉ AUDIGIER

Paris, Rue des Beaux-Arts, 11

C'est la loi de la nature que tout corps organisé dont la vie s'est retirée se décompose et se dissolve. A peine refroidi, la fermentation putride commence son travail destructeur, et dans un temps assez court, surtout si l'action des agents extérieurs, l'air, l'eau, la chaleur, s'exerce librement, le cadavre ne présente plus qu'un amas informe de matières méconnaissables, dévorées par les vers, exhalant des miasmes infects.

Un sentiment insurmontable de dégoût, d'horreur et d'effroi, corroboré chez divers peuples par des croyances religieuses, a de tout temps inspiré aux hommes le désir de préserver leurs restes de cette corruption. Ne pouvant conserver la vie, on a voulu du moins, par la conservation des éléments matériels et des formes extérieures du corps qu'elle anima, donner à perpétuité à la mort l'apparence d'un paisible sommeil.

De là la pratique si ancienne et si universelle qu'on appelle encore l'*Embaumement*, bien que l'emploi des aromates, des résines, des Baumes, qui motivait ce nom, soit depuis longtemps abandonné.

La décomposition des matières animales n'a lieu que par la fermentation des liquides qui les imbibent. L'évaporation de ces liquides suffit donc pour empêcher la putréfaction. Les anciens procédés des Egyptiens n'avaient pas d'autre but, ou du moins d'autre résultat que la dessication du cadavre (ils consistaient, comme on sait, à bourrer les cavités splanchniques, après l'extraction des viscères, d'étoupes mêlées à des substances résineuses, telles que la myrrhe, le *cédrium*, etc. ; puis à envelopper le tronc et les membres de bandelettes). Mais les quatre cinquièmes du poids des parties molles étant dus à l'eau, la dessication a l'inconvénient de réduire considérablement leur volume et d'altérer ainsi notablement leurs formes, résultat contraire au but essentiel de tout embaumement : la conservation du corps dans l'état où il était au moment où la vie l'a abandonné. En outre, la dessication complète est difficile à obtenir ; elle ne s'oppose à la putréfaction qu'autant que le sujet est soustrait à l'influence des agents extérieurs, car, exposé à l'humidité, il peut redevenir putrescible. La méthode égyptienne, universellement pratiquée dans l'antiquité, dans tout le moyen âge et, avec des modifications insignifiantes, jusqu'à notre époque, n'est guère, en dernière analyse, qu'un grossier empaillage ; elle exige des dissections laborieuses, des mutilations énormes, des manipulations interminables. Elle a dû être abandonnée lorsque les progrès de la chimie ont donné lieu à la recherche de procédés à la fois plus sûrs, plus expéditifs et surtout mieux appropriés au résultat à obtenir.

Aujourd'hui les procédés d'embaumement consistent, en général, à introduire dans le cadavre des substances capables de former avec les matières organiques des composés insolubles et, par suite, imputrescibles. Ils n'opèrent pas l'évaporation, mais plutôt, en quelque sorte, la *solidification* des liquides ; et de cette manière, n'ajoutant que très-peu à la masse du corps et n'en ôtant rien, ils laissent à toutes les parties leur volume, leurs formes, leurs reliefs naturels. Il n'y a de changé que la consistance.

Tel est, du moins, le but avoué de la plupart des procédés d'embaumement maintenant pratiqués et de ceux, bien plus nombreux, qui ont été proposés et n'ont pas reçu d'application. Il suffit de rappeler les solutions de deuto-chlorure de mercure en bain (de Chaussier et Boudet) ; l'injection dans le système artériel de vinaigre de bois ou d'acide acétique (Berzeliüs) ; la solution aqueuse d'acide sulfurique (John Davy) ; le soluté de protoxyde de fer (Braconnot) ; l'acide arsénieux (le Dr Tranchina, de Naples, et beaucoup d'autres) ; les solutés de sel gris, alun, sublimé et arsenic (Dr Goadby, de Londres) ; l'acétate d'alumine, le sulfate et le chlorure d'aluminium (Gannal) ; les acides carbonique et sulfureux (Dupré) ; le chlorure de zinc (Dr Sucquet) ; un sirop ferreux (Dr L. Dusourd) ; le sulfate de zinc (Dr Falconi de Gênes) ; l'immersion dans un gaz (Dr Mayer), etc., etc., sans compter nombre de systèmes dont la formule n'a pas été publiée, comme celui déjà ancien de Segato, de Florence, et celui, nouveau, du professeur Garini de Lodi, tout récemment signalé par M. Matteuci à l'Académie des sciences.

Si la multiplicité de ces inventions prouve l'intérêt qu'on attache dans la science et dans la société à l'objet de cette recherche, ne prouve-t-elle pas, d'un autre côté, que les résultats obtenus par ces divers systèmes laissent beaucoup à désirer, puisqu'on en cherche toujours de nouveaux ? Sans doute tous ces agents, et bien d'autres encore, entre lesquels la chimie n'a que l'embarras du choix, peuvent avoir la propriété de conserver les matières organiques, si par conserver on entend simplement arrêter la fermentation putride. Mais outre cette propriété, contestable dans bien des cas, il faudrait, pour justifier leur emploi dans les embaumements, que leur mode d'application remplît, au point de vue de la célérité, de l'inocuité, de la facilité et de la commodité d'exécution, toutes les conditions requises pour devenir usuel et complétement pratique. Il n'y aurait, pour décider ce point, que l'expérience. Or, l'expérience n'a, il faut le dire, été faite avec une authenticité et une rigueur suffisantes que pour un très-petit nombre de ces méthodes ; et la première fois qu'une enquête véritablement scientifique fut enfin instituée, il se trouva que des procédés annoncés à grand bruit comme d'importantes découvertes et adoptés par le public sur la seule parole des inventeurs étaient en réalité sans valeur (1). Un seul fut reconnu et déclaré bon. La sanction de l'Académie a valu à ce procédé une confiance qu'il méritait, d'ailleurs, comparé aux autres moyens jusqu'alors proposés. C'est celui qui depuis a été le plus généralement en usage.

Cependant, tout notable que fût ce progrès dans l'art des embaumements, il restait encore quelque chose à faire. Tous les procédés indiqués consistent en des injections par les artères (la carotide, la poplitée) de liquides antiseptiques. Les injections nécessitent l'ouverture préalable des vaisseaux, puis leur ligature, c'est-

(1) Rapport à l'Académie de médecine, sur les procédés d'embaumement de MM. Gannal, Sucquet, etc...

à-dire des incisions, des dissections, des lésions, enfin, plus ou moins étendues et profondes. Or, une des circonstances qui contribue le plus à restreindre la pratique de l'embaumement, c'est l'idée des mutilations, des lacérations exercées sur le corps. A la répulsion inspirée par l'image d'une dissection anatomique se joint, chez un grand nombre de personnes, la pensée d'une profanation. Sans doute ces lésions sont réduites au minimum dans les procédés en usage, mais il suffit qu'elles existent pour que l'imagination les grossisse et s'en préoccupe. En outre, l'injection et les opérations accessoires qu'elle exige offrent des difficultés d'exécution ; elles réclament quelque connaissance de l'anatomie et une certaine adresse opératoire ; elles peuvent prendre beaucoup de temps ; et, suivant la nature du liquide injecté, l'odeur et d'autres circonstances peuvent être des causes d'incommodités pour les personnes de la maison et même d'accidents pour l'opérateur.

Sous tous les rapports il était désirable de trouver un mode d'embaumement exempt de ces inconvénients et aussi efficace.

Toutes ces conditions sont complétement réalisées par le procédé Audigier.

Ce qui distingue surtout ce procédé de tous les autres , anciens ou nouveaux, c'est qu'il ne fait au corps aucune espèce de lésion ; il ne touche même presque pas au cadavre. Les deux manœuvres qu'il pratique, l'ingestion par la bouche du liquide conservateur et le recouvrement du cadavre par une poudre végétale imprégnée du même liquide, sont si simples, si faciles a exécuter, qu'un quart d'heure au plus suffit pour terminer l'embaumement. Il n'est même pas nécessaire que le corps soit à nu ; il peut être embaumé dans son linceul, tel qu'il a été enseveli ; il pourrait l'être tout habillé. Cette considération pourra, dans quelques circonstances, dissiper les scrupules et donner satisfaction à certaines susceptibilités que la pratique ordinaire des embaumements peut faire naître.

Ainsi donc, au point de vue de la simplicité, de la commodité, de l'inocuité, de la célérité, aucun procédé connu ne saurait être comparé au système Audigier. Ajoutons que , par suite même de ces avantages, il sera beaucoup moins coûteux et accessible aux fortunes les plus modestes. Combien de familles recourraient à l'embaumement de leurs membres, si elles n'étaient pas rebutées par les prix, aujourd'hui si élevés, de cette opération.

Reste la question — la plus importante, à la vérité, — celle de son efficacité comme moyen de conservation du cadavre.

Sur ce point, il n'y a, avons-nous dit, d'autre juge que l'expérience ; or, on est en mesure de prouver qu'aucun des procédés usités ne pourrait invoquer en sa faveur des faits aussi authentiques et aussi décisifs que ceux dont se prévaut le système Audigier. Les RAPPORTS ci-après rendent compte d'une série d'expériences qui offrent toutes les garanties que la science la plus rigoureuse peut demander. Ces rapports suffisent pour autoriser la confiance avec laquelle l'inventeur s'adresse aujourd'hui, pour la première fois, au public. Ses expériences, ses études personnelles, lui avaient depuis longtemps ôté toute incertitude sur la valeur de son procédé ; mais il a cru devoir attendre le résultat d'expériences publiques, faites par des hommes de science compétents, et à l'abri de toute objection sérieuse, avant de le livrer à la publicité.

Il serait superflu de reproduire ici le détail des expériences et des considérations scientifiques qui justifient les conclusions si nettement formulées et si rigoureusement motivées de ces Rapports. Il suffit d'en consigner en quelques mots les résultats.

A MARSEILLE, trois cadavres ont été embaumés, à savoir : un à l'Hôtel-Dieu, le 12 décembre 1862. Femme de 55 ans, morte depuis deux jours, présentant un commencement de putréfaction ; le corps est resté dans son cercueil à la Morgue.

Deux à l'hôpital de la Conception, les 9 et 22 mai 1863 : 1° homme de 35 ans, atteint d'anasarque, tout infiltré ; 2° jeune fille de 17 ans.

Les deux corps ont été gardés découverts dans la salle des morts.

La constatation de l'état de ces trois cadavres a eu lieu le 22 février 1864, c'est-à-dire, pour celui de l'Hôtel-Dieu, après 14 mois (deux hivers et un été), pour ceux de l'hôpital de la Conception, après 8 mois (un hiver et un été) d'exposition à l'air, à la chaleur, à l'humidité, à toutes les causes de décomposition.

Résultats communs aux trois corps : absence absolue d'odeur, conservation parfaite des formes et des traits, dureté de toutes les parties comparable à celle du bois ; *momification* parfaite.

A ALGER, 3 cadavres, 2 d'adultes et 1 d'enfant, vérifiés, l'un après 90 jours, les deux autres après 70 jours.

Mêmes résultats. Conservation et momification parfaites.

Quelques expériences ont été faites à Paris, notamment une en décembre 1864 à l'hôpital militaire du Val-de-Grâce, autorisée par M. le ministre de la guerre, et une autre, cette année, à la fin du mois de mars, à l'hôpital des Enfants, avec l'autorisation de l'administration des hôpitaux. Mais les rapports officiels sur ces embaumements ne pourront être faits qu'après un intervalle de temps assez long pour garantir la validité de l'expérience. On les attend avec la plus complète sécurité.

Paris, 1er juin 1865.

RAPPORT

Fait à la commission administrative des hospices

PAR LES DOCTEURS

COSTE, directeur de l'École de médecine,
_ Et BROQUIER, chirurgien en chef des hospices

SUR UN PROCÉDÉ D'EMBAUMEMENT

EXPÉRIMENTÉ PAR M. AUDIGIER, CHIMISTE

MESSIEURS LES ADMINISTRATEURS,

A la fin de l'année 1862, le sieur Audigier, chimiste, demeurant à Marseille, rue Grignan, 63, vous adressa une pétition tendant à obtenir de vous l'autorisation d'expérimenter un procédé d'embaumement dont il était l'inventeur.

Ce procédé, au dire de l'auteur, présentait sur tous les autres déjà connus l'avantage d'être très-simple, peu dispendieux et d'amener rapidement la momification ; il n'exigeait aucune opération ni mutilation.

Ces avantages, s'ils étaient réels, pouvaient amener un progrès dans cette question importante des embaumements ; à ce titre, vous voulûtes bien accueillir favorablement cette demande. Mais en accordant à l'inventeur l'autorisation de produire des expériences, vous avez voulu qu'elles se fissent sous votre contrôle et votre surveillance, seul moyen d'avoir une garantie sur la vérité et l'authenticité des résultats.

A cet effet, vous nous avez désignés pour suivre et diriger cette expérimentation. Nous avons l'honneur de déposer entre vos mains le Rapport qui en constate les résultats. Ces expériences ont été faites à l'amphithéâtre, sous les yeux des élèves de l'hôpital et de l'école, qui ont pu, comme nous, les suivre et les apprécier.

Le procédé de M. Audigier est des plus simples ; quelques minutes suffisent à l'opération ; il consiste à introduire par la bouche une petite quantité, deux verres au plus, de son liquide et à placer dans le cercueil, tout autour du cadavre, une poudre végétale imprégnée du même liquide.

Ce liquide, qui constitue l'invention (1), est un composé de deux acides et de deux sels dissous jusqu'à saturation.

Nous avons dû nous assurer que ce mélange ne contenait aucune préparation arsénicale ; on comprend, en effet, que si les liquides en usage dans les embaumements renfermaient de l'arsenic, les empoisonnements par les composés de ce métal étant très-fréquents, le crime pourrait être entièrement dissimulé par le liquide conservateur. D'ailleurs, une ordonnance du roi, insérée au *Moniteur* du 31 octobre 1846, déclare formellement « que la vente et l'emploi de l'arsenic et de ses composés sont interdits pour chau- » lage des grains, l'embaumement des corps et les destructions » des insectes. » Or, la préparation de M. Audigier ne contient aucune trace arsénicale.

Trois cadavres ont été soumis à l'expérimentation : un à l'Hôtel-Dieu, deux à l'hôpital de la Conception ; le premier, celui de l'Hôtel-Dieu, fut embaumé le 12 décembre 1862, c'était une femme de 55 ans, morte depuis deux jours.

(1) Ce n'est pas seulement le choix du liquide qui constitue l'invention. mais aussi son mode d'emploi.

L'abdomen **était** déjà bleuâtre et annonçait un **commencement** de putréfaction. L'opération terminée, la bière fut fermée, scellée et déposée à la Morgue. Les deux autres embaumements, à l'hôpital de la Conception, furent faits les 9 mai et 22 mai 1863; le premier embaumé était un homme de 35 ans, décédé à la suite d'une anasarque générale, et par conséquent tout infiltré; le second était une fille de 17 ans; les deux cercueils ont été fermés et laissés dans l'amphithéâtre.

Aujourd'hui, non-seulement la conservation est parfaite, mais encore la momification est complète. Ces cadavres ont acquis une dureté comparable à celle du bois et de la pierre; la peau, sans être noire, a bruni; les traits de la physionomie sont conservés, et sur l'un des cadavres, dont on avait eu soin de recouvrir la face d'un linge, la poudre végétale n'ayant agi que médiatement, la peau a conservé sa blancheur cadavérique.

Ces embaumements sont donc aussi heureux que possible; absence de putréfaction, conservation et momification obtenue en quelques mois, tels sont les résultats que nous avons pu constater.

Pour apprécier réellement ces résultats, il faut surtout tenir compte des conditions que ces expériences ont dû subir. Ces conditions ont été loin d'être favorables. Renfermés dans des cercueils en bois de sapin, mal fermés, mal joints, ces cadavres ont subi toutes les influences atmosphériques les plus opposées. Celui de l'Hôtel-Dieu est resté abandonné dans la Morgue, local humide, en contre-bas du sol et dans lequel coule en permanence un courant d'eau, et qui, par contre, en été, est exposé de toutes parts aux rayons du soleil. L'amphithéâtre de la Conception, quoique moins humide, présente à peu près les mêmes conditions. Ainsi, ces cadavres ont eu à lutter contre les deux causes les plus favorables à la putréfaction, l'extrême humidité en hiver, l'extrême chaleur en été. Comme sujets choisis pour une expérience de ce genre, deux présentaient les conditions les moins favorables; celui de l'Hôtel-Dieu, décédé depuis deux jours, offrait déjà un commencement de putréfaction; le second, à l'hôpital de la Conception, était infiltré de partout, et l'on sait avec quelle rapidité se décomposent ordinairement ces cadavres.

Ainsi, trois embaumements ont été faits par le procédé Audigier; tous trois ont donné les résultats les plus complets, malgré le concours des circonstances les moins propres à les favoriser.

Ce procédé est donc bon, il remplit le but cherché, c'est-à-dire de préserver les corps de la putréfaction et de les conserver intacts.

Plusieurs autres des procédés connus et employés jusqu'à ce jour obtiennent, il est vrai, un résultat analogue, mais ils sont loin de présenter les avantages du procédé Audigier comme simplicité de manœuvres et rapidité d'exécution.

Nous ne rappellerons pas l'ancien procédé des Egyptiens, aujourd'hui justement abandonné, qui nécessitait les mutilations les plus considérables, des manœuvres multipliées et répétées qui duraient quelquefois au-delà de 70 jours ; mais depuis on a essayé une foule d'autres moyens, qui tous consistaient à plonger et à laisser macérer les corps, pendant un laps de temps variable, soit dans de la saumure, dans du vernis, de la gomme, de la térébenthine ou tout autre liquide conservateur, après quoi on les retirait pour les placer dans le cercueil définitif. Tous ces moyens ont dû être abandonnés, en raison de leur incertitude d'action d'abord, et ensuite à cause des inconvénients graves qui résultaient pour les familles du séjour prolongé des cadavres dans le domicile.

Aujourd'hui, tous les embaumements se font par une seule méthode, l'injection dans le système artériel d'un liquide conservateur. Ce liquide pénètre ainsi, par le système capillaire, dans toutes les parties du corps.

Lorsque cette méthode parut, elle fut considérée comme un grand progrès dans l'art des embaumements. Avec elle plus de ces mutilations, de ces soustractions de viscères qui étaient en contradiction formelle avec le but de conservation que l'on se propose et qui ne permettaient des embaumements que dans des conditions presque exceptionnelles. Cette méthode acceptée, le choix du liquide seul a différé. Berzelius fut le premier, en 1833, qui l'expérimenta ; il injecta du vinaigre de bois. Le Dr Tranchina, de Naples, fit des embaumements, en 1835, avec une forte solution arsénicale. En France, Gannal s'empara bientôt de cette méthode pour l'exploiter, comme chacun sait, de la façon la plus tapageuse. L'injection Gannal est une solution aqueuse d'un mélange à parties égales de sulfate d'alumine et de chlorure d'aluminium, marquant 34° à l'aréomètre de Baumé. L'injection faite, il complétait l'opération en enveloppant le cadavre de bandelettes trempées dans un liquide contenant surtout de la teinture d'aloès.

A la même époque, le docteur Sucquet faisait connaître son

liquide, qui n'est autre qu'une solution de chlorure de zinc à 40 degrés.

Pour apprécier ces deux procédés, nous citerons seulement le résultat du rapport lu à l'Académie de médecine par M. Poiseuille, au nom d'une commission (16 mars 1847), sur les expériences faites concurremment par MM. Gannal et Sucquet.

« Deux cadavres furent embaumés en présence de la commission ; l'un par M. Gannal, l'autre par M. Sucquet ; les cercueils soigneusement cachetés, puis inhumés en une profondeur de 70 centimètres dans les jardins de l'école pratique ; l'exhumation en eut lieu au bout d'un an et deux mois, et les résultats suivants furent constatés.

» Le cadavre embaumé par M. Gannal exhalait une odeur de putréfaction suffocante, la peau complétement désorganisée présentait de nombreuses solutions de continuité, le linceul était en lambeaux et les fragments noircis par la matière animale putréfiée semblaient faire corps en beaucoup de points avec elle. Une couche de putrilage, en certains points de plusieurs millimètres d'épaisseur, tapissait le fond du cercueil. Le cadavre, dont il était impossible de déterminer le sexe, était entièrement méconnaissable, sa figure n'offrait qu'une masse informe, les cheveux et les poils saisis avec une pince cédaient au moindre effort ; les organes contenus dans les cavités splanchniques se trouvaient dans un état correspondant.

» Le cadavre embaumé par M. Sucquet se trouvait, au contraire, dans un état complet de conservation extérieure et profond ; puis, abandonné à l'air libre, il se dessécha sans la moindre putréfaction et acquit une dureté comparable à celle du bois ou de la pierre. »

Il résulte donc de ce rapport que le procédé Gannal est loin d'être aussi infaillible que le proclamait son inventeur. Le liquide Sucquet est préférable ; mais nous lui ferons le reproche qu'entraîne cette méthode, c'est d'exiger une opération préalable. Gannal fait son injection par l'artère carotide, Sucquet par l'artère poplitée. Dans les deux cas, il faut inciser la peau, ouvrir l'artère, introduire dans son calibre la canule de la seringue. Si celle-ci est mal assujettie, le liquide peut rejaillir sur l'opérateur ; si le liquide est pressé avec trop peu de force, il ne pénètre pas partout ; s'il est poussé trop vigoureusement, quelques branches artérielles peuvent se rompre, et alors le liquide s'épanche au dehors du système vasculaire, dans quelque cavité viscérale, aux dépens d'autres parties qui ne sont pas atteintes.

La méthode par injection, tout en marquant un progrès réel, n'est donc pas exempte d'inconvénients et d'incertitudes, qui tiennent au manuel opératoire.

Le procédé qu'a expérimenté devant nous M. Audigier, obtient les mêmes résultats que le procédé Sucquet. Il n'exige aucune opération préalable, aucune incision ni mutilation, avantage considérable, à notre avis, car toute idée de mutilation est toujours pénible, non seulement pour l'opérateur, mais surtout pour la famille qui réclame l'embaumement de l'un de ses membres.

Nous croyons donc que la méthode de M. Audigier est un véritable progrès dans l'art des embaumements. Si elle est acceptée, par la simplicité et l'inocuité de ses manœuvres, elle tendra à vulgariser une coutume presque abandonnée, et qui cependant répond à l'un des sentiments les plus sacrés et les plus respectables, le désir de conserver et de préserver de la destruction un parent ou un ami que l'on n'a pu arracher à la mort.

Agréez, messieurs les administrateurs, l'assurance de notre respectueuse considération,

> *Signés :* Coste, *directeur de l'École de médecine,*
> Broquier, *chirurgien en chef des hospices.*

L'administrateur de service :

Augustin Fabre.

Marseille, le 22 février 1864.

RAPPORT

A Messieurs les Membres de la Commission administrative
de l'hospice civil d'Alger

———

M. Desvignes, pharmacien, ayant été autorisé à expérimenter en notre présence son procédé d'embaumement, dont l'auteur est M. Audigier, chimiste à Marseille, nous avons l'honneur de vous en faire connaître les résultats.

La première expérience a été faite dans le mois d'août, et par une température très-élevée, sur un cadavre mort depuis deux jours et dans un état de putréfaction très-avancé ; le cercueil, incomplétement fermé en notre présence, a été ouvert quatre-vingt-dix jours après l'opération ; nous avons constaté que la putréfaction avait été arrêtée. Seulement il y avait un écoulement des liquides. Le cadavre avait la peau brunâtre et présentait une momification comparable, par sa dureté, à celle du bois ou de la pierre, ou d'une peau parfaitement tendue. Un mois après, deux autres cadavres, dont un d'adulte et l'autre d'un enfant, ont été soumis à la même opération.

Après soixante-dix jours, les cercueils ouverts nous ont offert les cadavres dans un état parfait de conservation ; ils n'exhalaient aucune odeur, leur peau était brunâtre, couleur qui paraît due à l'application immédiate de la poudre conservatrice, puisque le jeune sujet, dont la face avait été recouverte d'un linge, avait cette coloration moins foncée.

Il résulte de notre examen, que le nouveau procédé d'embaumement, importé par M. Desvignes, est supérieur à ceux précédemment employés, qu'il en diffère par son extrême simplicité ; qu'il se pratique sans injections, sans mutilation et sans danger, etc., etc.

Au surplus, les médecins soussignés donnent leur adhésion la plus complète au rapport présenté à l'administration de Marseille par le directeur de son école, et le médecin en chef d'un de ses hôpitaux.

Alger, le 18 novembre 1864.

Signé : Ferrus, Trollier, Léonard, Dru, Gros et Texier,
Médecins de l'hôpital civil.

Approuvé par la Commission administrative des hospices, dans sa séance du 28 novembre 1864.

Pour copie conforme :

Le maire d'Alger, président de la Commission administrative des hospices.

Signé : Sarlande.

Paris. — Imp. Dupray de la Mahérie, impasse des Filles-Dieu, 5. — 110